CAŁA JA!

Moje myśli, mój styl, moje życie

Tekst: Ellen Bailey

Ilustracje: Nellie Ryan

Projekt graficzny: Jack Clucas

Ilustracje na okładce:
Beth Gunnel, Katy Jackson

Projekt okładki: Angie Allison

Życzę Ci Wiktuś dużo szczęścia, będź zawsze sobą i taką jaką jesteś, cudownie dobrych uczciwych przyjaciół Tobie życzę i żeby ta Twoje Droga Życie była prosta i ciekawe, szczęśliwa, a sytuacje były Także korzystne szczęśliwa zawsze dla

Bądź zawsze i uśmiechnięte i miej radość życia.

CAŁA JA!

Moje myśli, mój styl, moje życie

Dla Mojej Kochanej, cudownej i pięknej Wnuczki Wiktorii Łochajca babcia Basia

Bydgoszcz .06.03. 2019

Tytuł oryginału: All About Me
Tłumaczenie: Ewa Tarnowska
Redakcja: Barbara Szymanek
DTP: Joanna Wasilewska

This edition first published in Great Britain in 2014 by Buster Books,
an imprint of Michael O'Mara Books Limited

Text and illustrations copyright © Buster Books 2014
Dodatkowe elementy graficzne: Shutterstock
© 2018 for the Polish edition by Firma Księgarska Olesiejuk
spółka z ograniczoną odpowiedzialnością
Wydawnictwo Olesiejuk, an imprint of Firma Księgarska Olesiejuk
spółka z ograniczoną odpowiedzialnością

ISBN 978-83-274-7638-8

Firma Księgarska Olesiejuk spółka z ograniczoną odpowiedzialnością
05-850 Ożarów Mazowiecki
ul. Poznańska 91
wydawnictwo@olesiejuk.pl
www.wydawnictwo-olesiejuk.pl

Dystrybucja: www.olesiejuk.pl
Wszystkie prawa zastrzeżone.

Druk: DRUK-INTRO S.A.

Spis treści

Jakie dźwięki słyszysz?

....

Co masz na sobie?

....

Jaką masz fryzurę?

....

Z kim jesteś?

....

Jaka jest pogoda?

....

Co teraz widzisz?

....

Co masz w kieszeni?

....

Taka jestem

Przejrzyj się w lustrze, chwyć za miarkę i zapisz odpowiedzi!

Data .... Pora .... Miejsce ....

Ile masz wzrostu? ....

Ile chciałabyś mieć wzrostu? ....

Oczy

Przyjęło się, że oczy są niebieskie, brązowe, zielone lub piwne. Ale jeśli przyjrzysz się im z bliska, dostrzeżesz, że tęczówka (ta kolorowa część) łączy tak naprawdę wiele różnych barw i kształtów. Chwyć za kredki i spróbuj narysować swoje oczy takimi, jakie są naprawdę!

Ręce

Rozłóż dłoń płasko na stole i rozczapierz palce najszerzej, jak potrafisz. Jaka jest odległość między czubkami kciuka i małego palca?

....

Jaką długość ma twoja dłoń od końca środkowego palca do nadgarstka?

....

Ile mierzy twój mały palec?

....

Stopy

Czy twoje stopy są dokładnie tej samej długości? ☐ Tak ☐ Nie

Jak pomalowałabyś paznokcie u nóg? Puść wodze fantazji i narysuj swój wymarzony pedicure.

Superfanka czy supergwiazda?

Przeczytaj pary odpowiedzi i zaznacz, którą wybierasz. Policz, ile serc i gwiazdek zebrałaś, i sprawdź wynik – więcej serc oznacza, że jesteś superfanką, a więcej gwiazdek – supergwiazdą!

Data .... Pora .... Miejsce ....

paluszki rybne 💜 czy ⭐ ostrygi

fotografia 💜 czy ⭐ modeling

jedzenie na wynos 💜 czy ⭐ w restauracji

czekolada mleczna 💜 czy ⭐ czekolada gorzka

prysznic 💜 czy ⭐ wanna

trampki 💜 czy ⭐ obcasy

zbieranie autografów 💜 czy ⭐ rozdawanie autografów

dobrzy przyjaciele 💜 czy ⭐ świta fanów

kotek 💜 czy ⭐ piesek kanapowy

miejsce na widowni 💜 czy ⭐ miejsce na scenie

Wizja przyszłości

Data ....

Pora .... Miejsce ....

Za dziesięć lat chcę mieszkać w ....

z .... Moim zwierzęciem będzie

.... o imieniu .... Chciałabym

umieć .... Moim największym osiągnięciem będzie

.... Na pewno do tego czasu spotkam

.... w prawdziwym życiu.

Co będzie, to będzie

Jak myślisz, co niesie przyszłość? Jakie rzeczy zyskają na popularności, a jakie stracą?

Data .... Pora .... Miejsce ....

Może uważasz, że upowszechni się recykling, a mniej ludzi będzie jeździć samochodami? Albo że więcej osób będzie miało kręcone włosy, a mniej proste? Swoje przewidywania zapisz w strzałkach.

Rosnąca
popularność

....

....

....

....

....

Słabnąca
popularność

Dziesięć celów
na najbliższy rok

Spróbuj osiągnąć każdy z tych celów i postaw przy nim znaczek,
jak tylko ci się to uda.

Data .... Pora .... Miejsce ....

☐ Zebrać pieniądze na jakiś cel charytatywny.

☐ Roześmiać się do rozpuku.

☐ Opanować nowy przepis kulinarny.

☐ Zaprzyjaźnić się z co najmniej jedną nową osobą.

☐ Odwiedzić miejsce, w którym jeszcze nie byłam.

☐ Zrobić komuś własnoręcznie prezent urodzinowy.

☐ Wystąpić publicznie.

☐ Przełamać jeden z moich lęków.

Humory

Na tej stronie możesz wyładować swoje frustracje.
Od razu zrobi ci się lżej na sercu.

Data .... Pora .... Miejsce ....

Czy coś cię w tej chwili denerwuje? ☐ Tak ☐ Nie

Jeśli tak, to co? ....

Z kim się ostatnio pokłóciłaś? ....

O co poszło? ....

Pogodziłaś się już? ☐ Tak ☐ Nie

Czy czymś się martwisz? ☐ Tak ☐ Nie

Jeśli tak, to czym? ....

Co cię w tej chwili najbardziej cieszy?

....

Lustereczko...

Data ....
Pora ....
Miejsce ....

Narysuj swoje lustrzane odbicie.
Potem w pustych polach zapisz trzy słowa, które
opisują twój dzisiejszy humor.

19

Pa, zmartwienia!

Obiecaj sobie, że przez rok będziesz się mniej martwić.
Zapisz w balonach dziesięć największych zgryzot i pozwól im odlecieć...

Data .... Pora .... Miejsce ....

1.

2.

3.

4.

5.

6.

7.

8.

9.

10.

21

Jakie TO irytujące!

Co cię denerwuje najbardziej na świecie?

Data .... Pora .... Miejsce ....

W pierwszym rzędzie zapisz cztery rzeczy, które naprawdę cię wkurzają (na przykład osy albo ludzie kopiący tył twojego krzesła). Z każdej pary wybierz to, co denerwuje cię bardziej, i zapisz to w rzędzie niżej, a na koniec zdecyduj, co irytuje cię najbardziej na świecie.

Pchły na noc

Odpowiedz na pytania i opisz swoje nocne zwyczaje.

Data .... Pora .... Miejsce ....

Czy dzielisz z kimś pokój? Tak ☐ Nie ☐

Jeśli tak, to z kim? ....

Koc ☐ czy kołdra ☐?

Jakiego koloru jest twoja ulubiona pościel? ....

O której godzinie chodzisz spać? ....

W czym śpisz? ....

Czy kiedykolwiek:

Wypadłaś z łóżka? ☐
Obudziłaś się z poduszką w nogach? ☐
Wierciłaś się tak bardzo, że kołdra spadła na podłogę? ☐

Pozycje podczas snu

To, jak śpisz, może wiele powiedzieć o twojej osobowości.
Spójrz na obrazek poniżej i zakreśl kółkiem pozycję,
w której najczęściej zasypiasz.

Data .... Pora .... Miejsce ....

„Ochroniarz"

„Spadochroniarz"

„Dziecko"

Co mówi o tobie pozycja, w jakiej śpisz

Jeśli zasypiasz w pozycji „na ochroniarza", leżąc płasko na plecach z rękami wzdłuż tułowia, jesteś cicha i refleksyjna, cenisz sobie samotność. Jesteś perfekcjonistką i nie tolerujesz lenistwa. Zawsze wyznaczasz sobie ambitne cele, ale pamiętaj, że czasem trzeba odpocząć i trochę wyluzować.

Jeśli twoja ulubiona pozycja to „spadochroniarz", leżysz na brzuchu z rękami na poduszce lub pod nią i głową przekręconą w jedną stronę, to jesteś duszą towarzystwa. Masz wielu przyjaciół i lubisz żyć aktywnie. Bywasz wybuchowa – może czasem warto zapanować nad emocjami?

Jeśli śpisz jak dziecko, czyli w pozycji embrionalnej – na jednym boku z podkulonymi nogami – to jesteś hojna i masz wielkie serce. Często ukrywasz emocje, nie lubisz, kiedy inni widzą cię zdenerwowaną. Pamiętaj, że otaczają cię przyjaciele, w których masz oparcie, więc nie bój się czasem otworzyć.

Słodkich snów

W każdym z obłoków opisz sen, który zapadł ci ostatnio w pamięć.

Data ....

Pora .... Miejsce ....

Beczka
śmiechu

Pomyśl o najśmieszniejszych sytuacjach, jakie przytrafiły się tobie lub
które zobaczyłaś w telewizji lub internecie. Zapisz je na liście, zaczynając
od najzabawniejszej.

Data .... Pora .... Miejsce ....

1. ....
2. ....
3. ....
4. ....
5. ....
6. ....
7. ....
8. ....
9. ....
10. ....

W twojej szafie

Zaznacz swój ulubiony styl w każdej kategorii. Potem narysuj swoją wymarzoną kreację na modelce ze strony obok i opisz ją w pustych polach.

Data .... Pora .... Miejsce ....

Dekolt: odkryte plecy w kształcie „V" ☐   kwadratowy ☐   okrągły ☐

Nakrycie głowy: beret ☐   bejsbolówka ☐   kapelusz ☐   czapka ☐

Materiał: jedwab ☐   bawełna ☐   jeans ☐   wełna ☐   skóra ☐

Zakupy: duży sklep ☐   internet ☐   butik ☐

Buty: japonki ☐   trampki ☐   obcasy ☐   koturny ☐

Torebka: mała ☐   plecak ☐   koszyk ☐   sportowa ☐

Wzór: fale ☐   kwiaty ☐   zwierzęcy ☐   geometryczny ☐

Jeansy: obcisłe ☐   dzwony ☐   luźne ☐   boot-cut ☐

Twój look: designerski ☐   vintage ☐   handmade ☐

Twój styl: miejski ☐   sportowy ☐   romantyczny ☐   elegancki ☐

Jaki masz styl?

Zrób test i dowiedz się paru rzeczy o sobie i swoim stylu. W każdym pytaniu zakreśl odpowiedź, która najlepiej cię opisuje. Potem sprawdź, co wyszło, na stronie 33.

Data _____ Pora _____ Miejsce _____

Twoje włosy?

a) Śmiała, modna fryzura
b) Gładko związane z tyłu
c) Długie i lśniące
d) Krótkie i sterczące

Wymarzona praca?

a) Aktorka
b) Sportsmenka
c) Projektantka mody
d) Wykładowczyni

Twój look?

a) Kolorowy i wyrazisty
b) Luźny i sportowy
c) Schludny i dziewczęcy
d) Wygodny i swobodny

Twoja idealna sobota?

a) Karaoke

b) Gokarty

c) Szał zakupów

d) Wizyta w muzeum

Praca domowa?

a) Zawsze gotowa na czas

b) Zrobiona na szybko

c) Może poczekać na później

d) Wymaga czasu i uwagi

Twoja ulubiona przekąska?

a) Ciastko z cukierni

b) Świeży owoc

c) Orzeźwiający napój tropikalny

d) Kawałki sera pleśniowego

W gronie znajomych jesteś...?

a) Przywódczynią paczki

b) Dobrą kumpelą

c) Jedną z dziewczyn

d) Najlepszą przyjaciółką dla wszystkich

Twój atut?

a) Piękny głos

b) Siła i zwinność

c) Wyczucie stylu

d) Inteligencja

Twoje wymarzone wakacje?

a) Obóz teatralny

b) Wyjazd pełen przygód

c) Odpoczynek przy basenie

d) Zwiedzanie

Gdybyś przez dzień była chłopcem...?

a) Zostałabyś wokalistą zespołu rockowego

b) Dołączyłabyś do drużyny piłkarskiej

c) Spędziłabyś go na układaniu włosów

d) Spędziłabyś go na nauce

Twój styl – odpowiedzi

Najwięcej odpowiedzi a: centrum uwagi

Jesteś bardzo pewna siebie i lubisz wyróżniać się z tłumu. Ale potrafisz też zaskoczyć swoją wrażliwą stroną. Pamiętaj, żeby czasem ją pokazywać.

Najwięcej odpowiedzi b: wulkan energii

Masz w sobie niespożyte pokłady energii i jesteś otwarta na innych. Lubisz próbować nowych rzeczy i szybko się zaprzyjaźniasz. Pamiętaj, żeby od czasu do czasu trochę zwolnić i dać sobie chwilę odpoczynku.

Najwięcej odpowiedzi c: imprezowa królewna

Przywiązujesz dużą wagę do swojego wyglądu i lubisz go dopieszczać. Ale to nie znaczy, że nie myślisz też o innych rzeczach – często zaskakujesz rodzinę i przyjaciół celnymi i dowcipnymi obserwacjami.

Najwięcej odpowiedzi d: pracowita pszczółka

Jesteś dobrze zorganizowana i lubisz mieć wszystko zaplanowane. Rodzice i nauczyciele na pewno doceniają twoją ciężką pracę. Ogromna ambicja na pewno daleko cię zaprowadzi, ale pamiętaj, by poświęcać też trochę czasu swoim przyjaciołom.

Kocham, nienawidzę

Pokoloruj serca. Użyj różowego do rzeczy, które kochasz, niebieskiego do tych, których nienawidzisz, i żółtego do tych, które są ci obojętne.

Data .... Pora .... Miejsce ....

filmy w kinie

chłopcy

spanie pod namiotem

horoskopy

34

zakupy

porządek w pokoju

karaoke

ostre jedzenie

rozmowy
z przyjaciółmi

wesołe
miasteczko

Szkolne dzieje

Mówi się, że szkoła to najlepszy okres w życiu.
Co się dzieje w twojej szkole?

Data .... Pora .... Miejsce ....

Uwielbiam, kiedy w szkole ....

Nienawidzę, kiedy w szkole ....

Mój mundurek szkolny jest:

w porządku ☐   okropny ☐   nie noszę mundurka ☐

Najlepsza szkolna wycieczka, na której byłam: ....

....

Mój ulubiony przedmiot to ....

Mój ulubiony nauczyciel to ....

Najśmieszniejsza osoba w mojej klasie to ....

Najmądrzejsza osoba w mojej klasie to ....

Ostatnio wpadłam w kłopoty, bo ....

....

....

Moją najlepszą wymówką, kiedy się spóźniam, jest: ....

....

Obiad/drugie śniadanie jem z ....

Podczas przerwy lubię ....

Plany zawodowe

Odpowiedz na pytania, żeby odkryć, jaką karierę szykuje dla ciebie los.
Wyniki sprawdź na stronie 41.

Data .... Pora .... Miejsce ....

Który z poniższych przedmiotów lubisz najbardziej?

a) Plastykę

b) WF

c) Historię

d) Biologię

Które z tych wakacji zapowiadają się najlepiej?

a) Odprężający pobyt na wsi
b) Biwak z dala od cywilizacji
c) Wizyta w hotelu w wielkim mieście
d) Wycieczka po starożytnych zabytkach dalekiego kraju

Czym najchętniej zajmujesz się podczas grupowych projektów?

a) Robieniem ilustracji i tworzeniem wykresów
b) Prezentowaniem projektu przed całą klasą
c) Planowaniem pracy i rozdzielaniem zadań
d) Wyszukiwaniem i spisywaniem informacji

Jak świętowałabyś urodziny swojej najlepszej przyjaciółki?

a) Zaprosiłabyś grono jej najbliższych przyjaciół na nocowanie
b) Zorganizowałabyś wielki piknik w parku
c) Wyprawiłabyś przyjęcie roku dla wszystkich jej znajomych
d) Zabrałabyś ją na przedstawienie, o którym od wieków opowiadała

Gdybyś była zwierzęciem, to byłby to...

a) Szympans
b) Koń
c) Kot
d) Lew

Którą z tych nagród chciałabyś otrzymać?

a) Nagrodę Nobla
b) Złoty medal na olimpiadzie
c) Tytuł osobowości roku
d) Nagrodę naukową

Który z tych deserów lubisz najbardziej?

a) Ciasto czekoladowe
b) Lody na patyku
c) Galaretkę
d) Tartę truskawkową

Który z tych prezentów chciałabyś dostać?

a) Playlistę złożoną przez twoją najlepszą przyjaciółkę
b) Wycieczkę do parku rozrywki
c) Nowego smartfona
d) Nową grę komputerową

Która z tych wartości jest dla ciebie najważniejsza?

a) Kreatywność
b) Wolność
c) Szczęście
d) Sukces

Plany zawodowe – odpowiedzi

Najwięcej odpowiedzi a: dusza towarzystwa

Życzliwa i kreatywna – byłabyś świetną projektantką wnętrz, ilustratorką lub pisarką. Pasują też do ciebie zawody wiążące się z pracą z ludźmi – nauczycielka, terapeutka lub opiekunka.

Najwięcej odpowiedzi b: miłośniczka natury

Uwielbiasz zakasywać rękawy i po prostu działać. Rozważ karierę konserwatorki przyrody lub architekta krajobrazu. Pomyśl też o scenografii lub dziennikarstwie.

Najwięcej odpowiedzi c: gwiazda

Ze wszystkich typów ty masz największe szanse zostać sławna. Uwielbiasz planować przyjęcia i wycieczki, więc doskonale sprawdziłabyś się jako organizatorka wydarzeń – spotkań autorskich, otwarć restauracji czy konferencji prasowych. Mogłabyś też pracować jako prezenterka telewizyjna lub radiowa.

Najwięcej odpowiedzi d: mózgowiec

Dobrze wiesz, na co cię stać, i nie boisz się ciężkiej pracy, żeby osiągnąć swoje cele. Jesteś skazana na intratną karierę, która będzie wzbudzać ogólny szacunek. Masz duże szanse zostać lekarką, architektką, prawniczką lub finansistką.

Co kryje los?

Czas nominować ludzi z twojego otoczenia do wyjątkowych nagród!

Data ....
Pora ....
Miejsce ....

Czy masz przyjaciółkę, która zawsze wyłapuje najnowsze trendy i NA BANK zostanie ikoną mody? A może ktoś z twoich bliskich uwielbia być w centrum uwagi i zdecydowanie zmierza ku karierze w telewizji? W każdej z ramek narysuj lub wklej zdjęcie osoby, która najbardziej zasługuje na dany tytuł. Nie zapomnij podpisać tych portretów!

Kto ma największe szanse...

...otrzymać Nagrodę Nobla?

...dostać uwagę za zachowanie?

...pojawić się w telewizji?

...przebiec maraton?

...zostać milionerem?

...złamać kość?

...napisać powieść?

...pracować ze zwierzętami?

...opublikować swoje pamiętniki?

...potknąć się na czerwonym dywanie?

...stać się ikoną mody?

...podnieść rękę podczas lekcji?

Słodki czas wolny

Gdybyś miała wybierać, to jak najchętniej spędziłabyś czas?
Wybierz po jednej opcji z każdej kategorii i podkreśl
swoje naj-najulubieńsze zajęcie.

Data .... Pora .... Miejsce ....

Filmy: komedia ☐ akcja ☐ romans ☐ horror ☐

Muzyka: pop ☐ rock ☐ hip-hop ☐ klasyczna ☐

Uroda: manicure ☐ pedicure ☐ maseczka ☐ fryzjer ☐

Czytanie: książki ☐ czasopisma ☐ blogi ☐ komiksy ☐

Kultura: muzeum ☐ teatr ☐ koncert ☐ film ☐

Sport: pływanie ☐ bieganie ☐ joga ☐ aerobik ☐

Telewizja: kreskówki ☐ telenowele ☐ sitcomy ☐ dokumenty ☐

Wycieczka: zoo ☐ oceanarium ☐ park wodny ☐ lunapark ☐

Przemieszczanie się: rower ☐ deskorolka ☐ spacer ☐ hulajnoga ☐

Na plaży: nurkowanie ☐ surfing ☐ opalanie ☐ zamki z piasku ☐

Twoje słoneczko wpływów

Pomyśl o ludziach, którzy mieli wpływ na twoje dotychczasowe życie.
Mogą to być twoi rodzice, przyjaciele albo ulubione gwiazdy.
Zapisz ich imiona wokół słoneczka, a w środku narysuj
samą siebie.

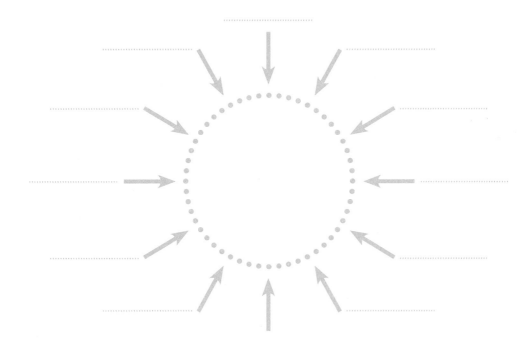

Data ....

Pora .... Miejsce ....

Najlepsze książki
ever!

Przygotuj listę swoich ulubionych książek. Zapisz je w kolejności, zaczynając od tej, którą lubisz najbardziej ze wszystkich.

Data .... Pora .... Miejsce ....

1. ....
2. ....
3. ....
4. ....
5. ....
6. ....
7. ....
8. ....

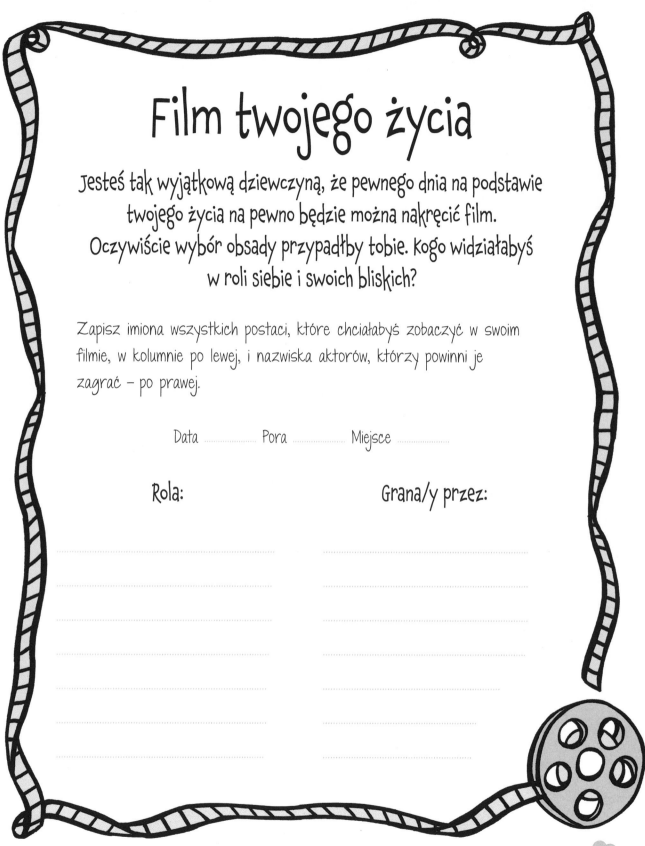

Film twojego życia

Jesteś tak wyjątkową dziewczyną, że pewnego dnia na podstawie twojego życia na pewno będzie można nakręcić film. Oczywiście wybór obsady przypadłby tobie. Kogo widziałabyś w roli siebie i swoich bliskich?

Zapisz imiona wszystkich postaci, które chciałabyś zobaczyć w swoim filmie, w kolumnie po lewej, i nazwiska aktorów, którzy powinni je zagrać – po prawej.

Data .... Pora .... Miejsce ....

Rola:	Grana/y przez:

Gęsia
skórka

Każdy boi się czego innego; coś, co przyprawia o dreszcze twoją najlepszą przyjaciółkę, na tobie może nie robić wrażenia. Weź głęboki oddech, chwyć za długopis i stań twarzą w twarz ze swoimi lękami. Przeczytaj wszystkie przerażające rzeczy i zaznacz pięć, których najbardziej się boisz.

Data .... Pora .... Miejsce ....

oślizgłe robaki ☐   pełzające robaki ☐

coś ostrego ☐   coś lepkiego ☐

test z historii ☐   test z anglika ☐

skoki na bungee ☐   nurkowanie ☐

skoki ze spadochronem ☐   kajaki ☐

pająki ☐   nietoperze ☐   węże ☐   szczury ☐

lwy ☐   rekiny ☐   niedźwiedzie ☐   wilki ☐

śpiew na scenie ☐   publiczne wystąpienia ☐

przewrócenie się na dyskotece ☐   zgubienie się w lesie ☐

cmentarze ☐   jaskinie ☐   piwnice ☐   poddasza ☐

duchy ☐   wampiry ☐   zombie ☐   wilkołaki ☐

kolejki górskie ☐   windy ☐   szybkie auta ☐   samoloty ☐

Opowieści z podróży

Wypełnij tę stronę wspomnieniami z najlepszych wycieczek.

Data .... Pora .... Miejsce ....

Czy podróżowałaś gdzieś kiedyś w ciągu nocy?

Tak ☐ Nie ☐

Jeśli tak, to gdzie? ....

Czy podróżowałaś kiedyś: promem ☐ łodzią podwodną ☐ helikopterem ☐ pendolino ☐ samolotem ☐ rowerem wodnym ☐ monocyklem ☐?

Gdzie byłaś ostatnio na wakacjach?

....

Pojechałabyś tam jeszcze raz? Tak ☐ Nie ☐

Jeśli nie, to dlaczego? ....

Która z twoim dotychczasowych podróży zaprowadziła cię najdalej od domu?

....

Wymarzone wakacje

Poniższy wykres pomoże ci ustalić cel podróży twoich marzeń.

Data .... Pora .... Miejsce ....

Pomyśl o czterech krajach, które chciałabyś odwiedzić, i zapisz je w walizkach w pierwszym rzędzie. Zdecyduj, które miejsca z obu par pociągają cię bardziej, i wpisz je w drugim rzędzie. A teraz zdecyduj, na zobaczeniu którego z nich zależy ci najmocniej. Tam powinnaś pojechać na swoje wymarzone wakacje!

Za tym tęsknię...

Pomyśl o dziesięciu rzeczach, których brakuje ci, gdy przebywasz z dala od domu. Zapisz je poniżej, zaczynając od tego, za czym tęsknisz najbardziej.

1. ....
2. ....
3. ....
4. ....
5. ....
6. ....
7. ....
8. ....
9. ....
10. ....

Data .... Pora ....

Miejsce ....

...a za tym nie!

A teraz pomyśl o rzeczach, których na pewno ci nie brakuje, i zapisz je na tej liście. Zacznij od czegoś, czego najbardziej nie lubisz.

1. ....
2. ....
3. ....
4. ....
5. ....
6. ....
7. ....
8. ....
9. ....
10. ....

Data .... Pora .... Miejsce ....

Twoje pyszności

Gdybyś mogła jeść tylko jeden produkt z każdej kategorii do końca życia, który byś wybrała? Zaznacz go.

Data .... Pora .... Miejsce ....

Śniadanie: tosty ☐ płatki ☐ parówki ☐ jajecznica ☐

Przekąska: czekolada ☐ ciasto ☐ cukierki ☐ żelki ☐

Popcorn: słodki ☐ słony ☐ maślany ☐ bez niczego ☐

Chipsy: zwykłe ☐ bekonowe ☐ cebulowe ☐ serowe ☐

Warzywa: marchewka ☐ brokuł ☐ fasolka ☐ kapusta ☐

Lody: czekoladowe ☐ truskawkowe ☐ waniliowe ☐ miętowe ☐

Owoce: pomarańcze ☐ banany ☐ winogrona ☐ jabłka ☐

Dziwactwa: ślimaki ☐ żabie udka ☐ węgorz w galarecie ☐ smażone owady ☐

Narysuj swój ulubiony posiłek na talerzu.

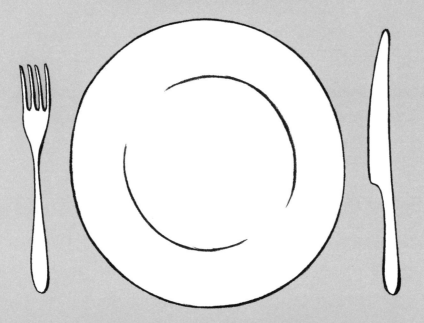

Czy jesteś ryzykantką?

Data .... Pora .... Miejsce ....

Odpowiedz na pytania, żeby dowiedzieć się, czy lubisz wyzwania. Wynik sprawdź na stronie 59.

Czy odważyłabyś się...

	A Pewnie!	B Może...	C Nie ma mowy!
...skoczyć ze spadochronem?	☐	☐	☐
...pływać z rekinami?	☐	☐	☐
...potrzymać tarantulę?	☐	☐	☐
...zjechać kolejką górską?	☐	☐	☐
...spać w nawiedzonym domu?	☐	☐	☐
...przejechać się motocyklem?	☐	☐	☐
...skoczyć na bungee?	☐	☐	☐
...polecieć samolotem?	☐	☐	☐
...spacerować po linie?	☐	☐	☐
...wybrać się na rafting?	☐	☐	☐

Czy jesteś ryzykantką? – odpowiedzi

Najwięcej odpowiedzi a: uzależniona od adrenaliny

Jesteś urodzoną ryzykantką. Nowe wyzwania witasz z otwartymi ramionami, nic cię nie przeraża. To czasem martwi twoich bliskich i zmusza ich do wyznaczania ci granic.

Najwięcej odpowiedzi b: rozsądna

Jesteś odważna i nie boisz się próbować nowych rzeczy, ale zawsze musisz najpierw rozważyć wszystkie za i przeciw. Twoja odpowiedzialność sprawia, że ludzie dają ci dużo swobody, bo ufają, że podejmiesz właściwe decyzje.

Najwięcej odpowiedzi c: przezorna

Jesteś ostrożną dziewczyną, która zawsze na pierwszym miejscu stawia bezpieczeństwo. Nie lubisz podejmować ryzyka i to ty chronisz przyjaciół przed kłopotami. Ludzie to szanują, ale zachęcają cię do próbowania nowych rzeczy.

Twoi bohaterowie

Pomyśl o ludziach, których naprawdę podziwiasz,
i wpisz ich na listę, zaczynając od osoby, która jest dla
ciebie najważniejsza.

Data .... Pora .... Miejsce ....

Na pierwszym miejscu powinien znaleźć się ktoś, kto najbardziej
ci imponuje. W każdym punkcie zapisz imię podziwianej osoby
i powód, dla którego znalazła się na liście.

1. ....

....

2. ....

....

3. ....

....

4. ....

....

5. ....

....

6. ....

....

7. ....

....

8. ....

....

9. ....

....

10. ....

....

Rodzinne życzenia

Poproś siedmiu członków rodziny lub bliskich przyjaciół, żeby zapisali życzenia dla ciebie przy jednym z chińskich ciasteczek. Wróć na te strony za jakiś czas, żeby sprawdzić, czy się spełniły.

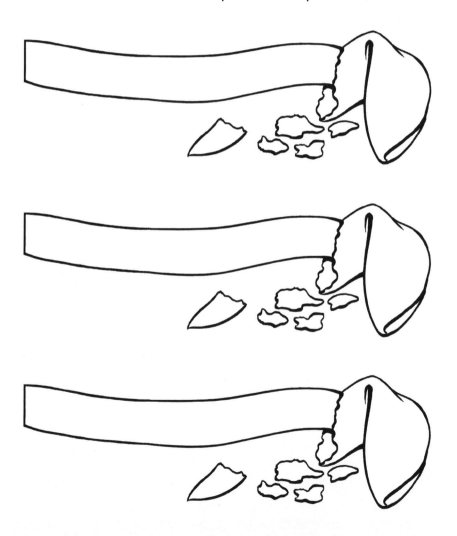

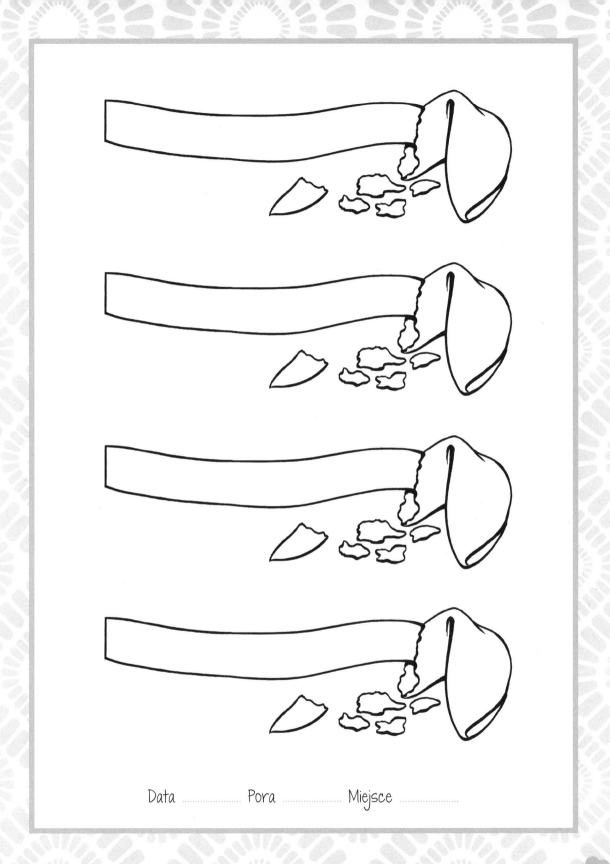

Data .... Pora .... Miejsce ....

Wywiad rzeka

Czy jest jakiś członek rodziny, o którym zawsze chciałaś wiedzieć więcej? Teraz masz szansę!

Data .... Pora .... Miejsce ....

Możesz wybrać babcię, dziadka, ciocię lub wujka, jakiegokolwiek krewnego, którego chcesz bliżej poznać. Przeprowadź z nim wywiad i zadaj poniższe pytania. Jeśli jest coś konkretnego, co chciałabyś wiedzieć, teraz masz okazję zapytać. Na końcu listy znajdziesz miejsce na własne „palące pytanie".

Jak brzmi twoje pełne imię i nazwisko?

....

Gdzie się urodziłaś/eś?

....

Gdzie dorastałaś/eś?

....

Jak jesteśmy spokrewnione/spokrewnieni?

....

Jakie jest twoje najwcześniejsze wspomnienie?

....

....

Jakie jest twoje najwcześniejsze wspomnienie o mnie?

....

....

Gdy byłaś/eś w moim wieku, kim chciałaś/eś zostać w przyszłości?

....

....

A czym się teraz faktycznie zajmujesz?

....

....

Z jakiego osiągnięcia jesteś najbardziej dumna/y?

....

....

Jakie jest twoje ulubione miejsce na świecie?

....

....

Co najbardziej lubiłaś/eś w szkole?

....

Kto był twoim najlepszym przyjacielem/najlepszą przyjaciółką,
gdy byłaś/eś w moim wieku?

....

Kogo najbardziej podziwiałaś/eś, gdy byłaś/eś w moim wieku?

....

Dlaczego? ....

....

Jakie było najważniejsze wydarzenie
na świecie za twojego życia?

....

....

....

Jaki był najlepszy prezent, jaki kiedykolwiek dostałaś/eś?

....

....

Gdybyś mogła/mógł dać mi jedną radę, jak by brzmiała?

....

....

Jaki przedmiot w swoim posiadaniu cenisz najbardziej?

....

....

Moje palące pytanie to:

....

....

A odpowiedź brzmi:

....

....

Profil
osobowości

Odpowiedz na pytania, żeby poznać tajemnice swojej osobowości.
Rozwiązanie znajdziesz na stronie 71.

Data .... Pora .... Miejsce ....

Co najbardziej uwielbiasz w swojej najlepszej przyjaciółce?

a) Nigdy nie wiadomo, co za chwilę zrobi
b) Zawsze pierwsza wie, gdzie coś się dzieje
c) Doskonale mnie rozumie
d) Zawsze mogę na niej polegać

Twoja przyjaciółka dzwoni do ciebie zapłakana. Co robisz?

a) Uważnie jej wysłuchuję i staram się pocieszyć
b) Organizuję spotkanie z grupą znajomych, żeby ją rozerwać
c) Pędzę do jej domu z pudełkiem lodów
d) Sugeruję praktyczne rozwiązania problemu

Co najbardziej cię irytuje?

a) Mnóstwo zasad i ograniczeń
b) Szlaban na wychodzenie
c) Kłamstwa
d) Bycie zmuszaną do podjęcia szybkiej decyzji

Przyjaciółka zaprasza cię do parku. Co robisz?

a) Zgadzam się i natychmiast wychodzę
b) Zgadzam się i zapraszam więcej znajomych
c) Zapraszam ją najpierw na herbatę i pogadanki
d) Proszę ją, żeby poczekała, aż spakuję wszystkie potrzebne rzeczy

Podczas przerwy obiadowej można cię znaleźć...

a) ...w pracowni plastycznej
b) ...w dużej grupie znajomych
c) ...zatopioną w głębokiej rozmowie z przyjaciółką
d) ...przeglądającą czasopisma

Co lubisz oglądać w telewizji?

a) Nie oglądam dużo telewizji
b) Programy muzyczne
c) Seriale z postaciami, z którymi się utożsamiam
d) Programy dokumentalne o niezwykłych zwierzętach i pięknych miejscach

Jak wygląda twój pokój?

a) Jest pełen kolorów
b) Trochę chaotyczny, roi się w nim od zdjęć moich znajomych
c) Schludny – oaza spokoju
d) Panuje w nim porządek, wszystko ma swoje miejsce

Twoja przyjaciółka szykuje się na imprezę i prosi cię, żebyś ją uczesała. Co robisz?

a) Tworzę nową niesamowitą fryzurę
b) Pozwalam jej wybrać coś z czasopisma modowego
c) Robię dokładnie taką fryzurę, o jaką prosi
d) Używam prostownicy, wałków i różnych produktów do włosów, żeby stworzyć oszałamiającą fryzurę

Profil osobowości – odpowiedzi

Najwięcej odpowiedzi a: prawdziwa hipiska

Jesteś nietuzinkową i pełną fantazji osobą, prawdziwym wolnym duchem. Twoja spontaniczna natura sprawia, że w twoim towarzystwie nikt się nie nudzi. Myślisz sercem i polegasz na swoim instynkcie.

Najwięcej odpowiedzi b: towarzyska papużka

Jesteś otwarta i masz wielkie serce, otacza cię duże grono przyjaciół. Prawdziwa z ciebie dusza towarzystwa! Jesteś bardzo pewna siebie, ale od czasu do czasu potrzebujesz chwili tylko dla siebie.

Najwięcej odpowiedzi c: dobra dusza

Jesteś fantastyczną przyjaciółką, na której zawsze można polegać. Budujesz silne, głębokie relacje i wolisz spędzać czas z ludźmi, którzy są ci naprawdę bliscy.

Najwięcej odpowiedzi d: mądra głowa.

Jesteś niezwykle bystra i inteligentna. Myślisz praktycznie i logicznie i poradzisz sobie w każdej sytuacji. Ludzie podziwiają cię za twoją mądrość.

Gry na medal

Stwórz listę swoich ulubionych gier, zaczynając od tej absolutnie najlepszej.

Data .... Pora .... Miejsce ....

To może być każdy rodzaj gier: sportowe, komputerowe, podwórkowe, planszowe, a nawet takie, które wymyśliłaś ze swoimi znajomymi. Pamiętaj, żeby swoją ulubioną umieścić na pierwszym miejscu.

1. ....
2. ....
3. ....
4. ....
5. ....
6. ....
7. ....
8. ....
9. ....
10. ....

Cztery pory roku
na jednej stronie

W polach poniżej umieść słowa i obrazki, które pokazują, za co lubisz
każdą porę roku.

Data .... Pora .... Miejsce ....

Pomyśl o pogodzie, ubraniach, jakie nosisz, zajęciach i świętach, które są z nimi
związane.

Wiosna

Lato

Jesień

Zima

Pojedynek supermocy

Pomyśl o czterech supermocach, jakie chciałabyś mieć. To może być wszystko, na przykład niewidzialność albo zatrzymywanie czasu.

Data .... Pora .... Miejsce ....

Zapisz każdą z nich w polu w najwyższym rzędzie. Potem wybierz jedną supermoc z każdej pary, na której bardziej ci zależy, i zapisz ją w rzędzie niżej. Na koniec zdecyduj, która jest dla ciebie najważniejsza, i przenieś ją do ostatniego pola.

Twój kostium superbohaterki

Najlepsi superbohaterowie mają superstylowe kostiumy,
dzięki którym wyróżniają się z tłumu.

Data _____ Pora _____ Miejsce _____

Zaprojektuj własny zjawiskowy kostium na modelce po prawej. Jak brzmiałby
twój pseudonim? Zapisz go poniżej.

Potrafisz tak?

Zaznacz sztuczki, które potrafią zrobić ty i twoi znajomi.

Data ....

Pora ....

Miejsce ....

76

Tu napisz swoje imię
i imiona swoich
przyjaciół.

Zwinąć język w rurkę   ☐   ☐   ☐   ☐   ☐   ☐

Poruszać uszami   ☐   ☐   ☐   ☐   ☐   ☐

Podnieść jedną brew   ☐   ☐   ☐   ☐   ☐   ☐

Dotknąć nosa językiem   ☐   ☐   ☐   ☐   ☐   ☐

Polizać swój łokieć   ☐   ☐   ☐   ☐   ☐   ☐

Poruszać nosem   ☐   ☐   ☐   ☐   ☐   ☐

Czy jest coś, co potrafisz zrobić ty, a czego nie umie żaden z twoich znajomych?

Tak ☐ Nie ☐

Jeśli tak, opisz tę sztuczkę tutaj:

Małe grzeszki

Pomyśl o rzeczach, których nie powinnaś lubić, ale nie możesz się powstrzymać.

Data .... Pora .... Miejsce ....

Może to kiczowata piosenka, która wcale nie jest fajna, ale zawsze wyciąga cię na parkiet? Albo zabawka dla dzieci, którą ciągle się bawisz? Zapisz cztery rzeczy w pierwszym rzędzie, a potem zdecyduj, którą z każdej pary lubisz bardziej. Z dwóch ostatnich wybierz tę jedyną, twój największy mały grzeszek...

Profil twojego zwierzaka

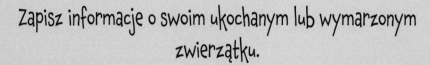

Zapisz informacje o swoim ukochanym lub wymarzonym
zwierzątku.

Imię .... Wiek ....

Gatunek ....

Samiec ☐ Samica ☐ Kolor ....

Lubi ....

Nie lubi ....

Najśmieszniejsza rzecz, jaką robi?

....

Najgorsza rzecz, jaką robi?

....

Data .... Pora .... Miejsce ....

Twój wyjątkowy ślad

Twoje linie papilarne

Połóż swoją dłoń na pustym polu na kolejnej stronie i obrysuj jej kształt. Zanurz opuszki palców w farbie lub atramencie i delikatnie przyłóż je do odpowiednich zarysów palców. Oto twoje linie papilarne.

Czy wiesz?

Mówi się, że odciski palców każdego człowieka są niepowtarzalne, ale nikt nie wie tego na pewno. Żeby potwierdzić tę hipotezę, trzeba by zebrać odciski wszystkich ludzi, którzy kiedykolwiek żyli! Zdarza się też, że linie papilarne różnych ludzi są tak podobne, że wprowadzają w błąd nawet ekspertów, co doprowadziło już do kilku przypadków pomylenia tożsamości.

Linie papilarne powstają w okresie płodowym, kiedy skóra na opuszkach palców zaczyna się kurczyć.

Twoje paznokcie (także te u nóg) są zrobione z tej samej substancji co twoje włosy – z keratyny. To białko, które można też znaleźć w piórach ptaków i kopytach różnych ssaków.

Spróbuj dorysować piękne wzory z henny.

Tutaj obrysuj swoją dłoń.

Data .... Pora .... Miejsce ....

Planner imprezowy

Wyobraź sobie, że jesteś organizatorką, która dostała nieograniczony budżet na przygotowanie najlepszej imprezy w historii.

Data .... Pora .... Miejsce ....

Po pierwsze, z jakiej okazji odbywałoby się twoje przyjęcie?

Wszystkie najlepsze imprezy mają temat przewodni, na przykład jednolity kolor strojów gości lub kostiumy z konkretnego filmu. Jaka tematyka spinałaby twoją imprezę?

Gdybyś mogła zaprosić jakiegokolwiek muzyka, zespół lub DJ-a, to kto by to był?

....

....

Czy byłyby jakieś dodatkowe atrakcje? Tak ☐ Nie ☐

Jeśli tak, to jakie?

....

....

....

Jaki poczęstunek i napoje czekałyby na gości?

....

....

....

Co byś założyła?

....

....

....

Jak udekorowałabyś przestrzeń?

....

....

....

Gdybyś mogła zaprosić kogokolwiek jako osobę towarzyszącą,
to kto by to był?

....

Najlepsze momenty życia

Pomyśl o wszystkich pięknych chwilach, które ci się (dotychczas) przytrafiły: mogą to być na przykład narodziny młodszej siostry lub brata albo to uczucie, gdy po raz pierwszy pojechałaś na rowerze bez pomocy. Gdy wymyślisz pięć takich momentów, zapisz je na liście, zaczynając od najważniejszego.

1. ....
....

2. ....
....

3. ....
....

4. ....
....

5. ....
....

Data .... Pora .... Miejsce ....

Najlepsze przyjaciółki na zawsze?

Jak dobrze znacie się z przyjaciółkami?

Data .... Pora ....

Miejsce ....

Przeczytaj pytania na kolejnej stronie i zapisz odpowiedzi. (Zrób też kopię pytań dla swoich przyjaciółek). Potem zadaj je kumpelom i sprawdź, jak dobrze cię znają. Zapisz, ile odpowiedzi udało im się odgadnąć. Wyniki znajdziesz na stronie 88.

1. Kiedy mam urodziny?

....

2. Jaki jest mój ulubiony kolor?

....

3. W jakiej gwieździe się kocham?

....

4. Jakie jest moje ulubione zwierzę?

....

5. Jaka jest moja ulubiona potrawa?

....

6. Kim chcę zostać, jak dorosnę?

....

7. Jaka była moja najgorsza wpadka do tej pory?

....

8. Jaki jest mój ulubiony film?

....

9. Jaka jest moja ulubiona książka?

....

10. Jakie miejsce na świecie najbardziej chciałabym odwiedzić?

....

Wyniki

0–3. Ups! Wygląda na to, że powinnyście spędzić ze sobą więcej czasu i lepiej się poznać.

4–7. Widać, że jesteście dobrymi koleżankami, ale kryjecie jeszcze przed sobą kilka tajemnic. Poznajcie je, a będziecie mogły nazywać się prawdziwymi przyjaciółkami.

8–10. Wow! Jesteście niczym siostry i nie macie przed sobą sekretów. Zawsze możecie na sobie polegać.

Ciocia
Dobra Rada

W gazetach i czasopismach często pojawiają się kolumny z poradami, gdzie czytelnicy otrzymują wskazówki, jak rozwiązać swoje problemy.

Zbierz grupę koleżanek i wybierzcie problem, który postaracie się rozwiązać. Omówcie, jakiej rady moglibyście udzielić osobie, która zwróciła się do was z prośbą o pomoc. Poćwiczcie swoje umiejętności, rozmawiając o różnych rozwiązaniach, a potem niech każda udzieli porady dotyczącej jednej z poniższych sytuacji. Zapisz imiona autorek.

Data ....

Pora ....

Miejsce ....

Droga ciociu ....

W mojej klasie pojawiła się nowa dziewczyna, a moja najlepsza przyjaciółka spędza z nią bardzo dużo czasu. Czuję się pominięta, przez co często kłócę się z moją przyjaciółką. Co powinnam zrobić?

Droga ciociu ....

Moja siostra strasznie mnie denerwuje! Ciągle się popisuje i skupia na sobie całą uwagę. Jest ode mnie młodsza, więc za każdym razem, gdy coś przeskrobie, to na mnie spada wina. Pomocy!

Droga ciociu ....

Trudno mi zmieścić w kalendarzu wszystkie rzeczy, które chcę robić. Dostajemy tony pracy domowej, a ja chodzę na mnóstwo zajęć pozalekcyjnych. Nie chcę z nich rezygnować, ale moje oceny mogłyby być lepsze. Co zrobić w tej sytuacji?

Droga ciociu ....

Czuję, że jestem ciągle porównywana do mojej starszej siostry. Jest
bardzo mądra i wiecznie ma najlepsze oceny. Jest też bardzo popularna
i wszyscy ją lubią. Jak mogę poradzić sobie z presją, by jej dorównać?

Jaki jest twój problem?

Razem z przyjaciółkami zastanówcie się, w jakich sytuacjach same chciałybyście
poprosić Ciocię Dobrą Radę o pomoc. Zapiszcie je poniżej, zaczynając od tej
najtrudniejszej. Spróbujcie same pomyśleć nad rozwiązaniem albo poproście
o pomoc rodzica.

1. ....

....

2. ....

....

3. ....

....

Znak
czasów

Poproś wszystkich przyjaciół, żeby podpisali się w polu poniżej.
To będzie dla ciebie wspaniała pamiątka na przyszłość.

Data .... Pora .... Miejsce ....

Umiejętności przetrwania

Gdybyś znalazła się na bezludnej wyspie bez żadnych narzędzi,
na które z poniższych wyzwań byś się odważyła?
Sprawdź swój instynkt przetrwania na stronie 94.

Data .... Pora .... Miejsce ....

	A Pewnie!	B Może...	C Nie ma mowy!
Przygotować ognisko	☐	☐	☐
Złapać rybę	☐	☐	☐
Wykopać studnię	☐	☐	☐
Wybudować tratwę	☐	☐	☐
Zbudować schronienie	☐	☐	☐
Zrobić pułapkę na zwierzęta	☐	☐	☐
Wydostać się z ruchomych piasków	☐	☐	☐
Zrobić łuk i strzały	☐	☐	☐
Użyć liści jako papieru toaletowego	☐	☐	☐
Zjeść owady	☐	☐	☐

Umiejętności przetrwania – odpowiedzi

Najwięcej odpowiedzi a: zawodowy rozbitek

Twoje umiejętności przetrwania nie mają sobie równych, kochasz przebywać na dworze. W puszczy czujesz się jak ryba w wodzie! Jeśli kiedykolwiek będziesz zdana tylko na siebie, na pewno świetnie sobie poradzisz.

Najwięcej odpowiedzi b: poszukiwaczka przygód

Nie miałaś jeszcze okazji poćwiczyć umiejętności przetrwania, ale jesteś odważną dziewczyną, która chętnie się sprawdzi w bardziej ekstremalnych warunkach! Nie boisz się ubrudzić przy pracy (albo chapnąć sobie robaka!).

Najwięcej odpowiedzi c: domatorka

Życie na krawędzi (a nawet na dworze) nie jest dla ciebie i nie przetrwałabyś długo sam na sam z dziką głuszą. Jesteś skrojona do bardziej dystyngowanych rzeczy w życiu i nawet sama myśl o biwaku mrozi ci krew w żyłach!

Chłopcy – przyjaciele czy wrogowie?

Poproś przyjaciółki, żeby podały ci dziesięć imion sławnych
chłopaków. Zapisz je na liście poniżej. Pomyśl o każdym
z kandydatów i zdecyduj, czy bylibyście przyjaciółmi czy wrogami.
Tutaj nie ma miejsca na opcję „nie wiem"!

Data   Pora   Miejsce

	Przyjaciel	Wróg
	☐	☐
	☐	☐
	☐	☐
	☐	☐
	☐	☐
	☐	☐
	☐	☐
	☐	☐
	☐	☐

Co byś wybrała?

Przyjrzyj się każdemu z poniższych dylematów i zastanów się, na którą opcję byś się zdecydowała, gdybyś naprawdę musiała podjąć decyzję.

Data 21.3.19 Pora 24 26 Miejsce Münster
Winter

Nie mieć brwi ☐
Mieć brwi, które stykają się pośrodku ☒

Nigdy już nie umyć włosów ☐
Nigdy już nie wyprać majtek ☒

Być popularną, ale niemądrą ☒
Być mądrą, ale niepopularną ☐

Nie mieć telewizora ☐
Mieć telewizor, w którym lecą tylko reklamy ☒

Nigdy więcej nie słuchać muzyki ☐
Słuchać tylko disco polo ☒

Spędzić całą noc w nawiedzonym domu ☐
Spędzić noc sama w lesie ☒

Mieć czkawkę przez miesiąc ☐
Przez cały dzień bez przerwy uczyć się matematyki ☒

Potrafić malować paznokcie wzrokiem ☐
Potrafić układać włosy myślami ☒

Bekać za każdym razem, gdy rozmawiasz z chłopakiem ☐
Puszczać bąka za każdym razem, gdy rozmawiasz z dziewczyną ☒

Pójść raz do szkoły w samej bieliźnie ☐
Chodzić do szkoły w stroju klauna przez miesiąc ☒

Znaleźć sekretny skarbiec ☒
Zaprzyjaźnić się z nową osobą ☐

Czołówki gazet

Śledziłaś ostatnio wiadomości?

Data .... Pora .... Miejsce ....

Jakie ważne według ciebie wydarzenia dzieją się w tej chwili na świecie?
Zrób listę i zapisz je w kolejności, zaczynając od najistotniejszego.

1. ....

2. ....

3. ....

4. ....

5. ....

Wiadomości z planety Ja

Zapisz pięć najważniejszych rzeczy, jakie przydarzyły
ci się w tym tygodniu.

Data .... Pora .... Miejsce ....

Zapisz je na liście, zaczynając od najważniejszej.

1. ....
2. ....
3. ....
4. ....
5. ....

Galeria przyjaźni

Poproś czworo przyjaciół o narysowanie twojego portretu w jednej z poniższych ramek i podpisanie swoich dzieł. Na koniec powiedz, by w polu na stronie 101 każdy napisał po jednym słowie, które uważa za najlepiej pasujące do ciebie.

Data .... Pora .... Miejsce ....

Podpis ....

Podpis ....

Podpis ....

Podpis ....

Media rządzą

Pomyśl o dziesięciu ulubionych programach telewizyjnych, a potem
zapisz je w kolejności, zaczynając od tego ulubionego.

Data .... Pora .... Miejsce ....

1.

2.

3.

4.

5.

6.

7.

8.

9.

10.

103

Co mówią o tobie twoje bazgroły?

Sposób, w jaki piszesz i rysujesz, wiele mówi o twojej osobowości. Wypełnij pola na kolejnych stronach, a potem zajrzyj na strony 108–110, żeby dowiedzieć się o sobie czegoś nowego.

Data .... Pora .... Miejsce ....

Twój podpis

Na dobry początek nie myśl za wiele i podpisz się tak jak zawsze.

Czas coś napisać

A teraz przepisz to zdanie poniżej: "Tak wygląda moje pismo".

A teraz przewróć kartkę i zabierz się za rysowanie.

Połącz dwa końce linii, jak tylko chcesz.

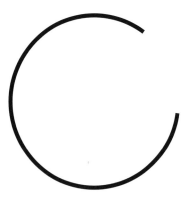

Co w głowie piszczy

Narysuj w tym polu pierwsze, co przyjdzie ci do głowy.

Papuga

A teraz przerysuj tę spiralę obok.

W chlewiku

Na koniec narysuj świnię w polu poniżej.

A teraz zajrzyj na kolejne strony i dowiedz się, co twoje bazgrołki mówią o tobie.

Bazgrołkowe odpowiedzi

Twój podpis

Jeśli twój podpis zajmuje dużą część pola, jesteś przebojową dziewczyną, która lubi być w centrum uwagi.

> # Ania Kowalska

Jeśli twój podpis jest mniejszy i zostawia wiele pustej przestrzeni, jesteś bardziej introwertyczna i cenisz czas dla siebie.

> # Ania Kowalska

Czas coś napisać

Jeśli twoje pismo pochyla się w prawo, *o tak*, jesteś ciepła, życzliwa i emocjonalna. Twoje serce steruje rozumem.

Jeśli twoje pismo jest raczej proste, o takie, potrafisz panować nad emocjami i jesteś bardzo zrównoważona.

Jeśli twoje pismo pochyla się w lewo, o tak, próbujesz ukryć swoje emocje przed innymi. Twój rozum steruje sercem.

koło prawdy

Jeśli po prostu dokończyłaś koło, cenisz sobie
konwencję i tradycję. Jesteś praktyczna,
rozsądna i godna zaufania.

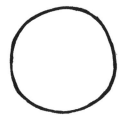

Jeśli połączyłaś linie zygzakiem,
masz silne poczucie odpowiedzialności, ale lubisz
od czasu do czasu podjąć ryzyko.

Jeśli zmieniłaś koło w coś zupełnie innego,
masz bujną wyobraźnię, jesteś kreatywna
i nie lubisz trzymać się zasad.

Co w głowie piszczy

Serca i kwiaty. Najbardziej cenisz sobie pokój i miłość.
Jesteś dobra i życzliwa.

Kształty geometryczne. Myślisz jasno
i logicznie, jesteś dobrze zorganizowana.

Wzory. Masz dużo energii
i wiecznie gdzieś cię nosi.
Jesteś kreatywna i masz oko
do szczegółów.

Ludzie i zwierzęta. Jesteś ciepłą, przyjacielską
dziewczyną o ogromnym sercu.
Nie lubisz być sama.

Papuga

Jeśli zaczęłaś rysować spiralę od zewnątrz do środka, najpierw myślisz o ogóle, a dopiero potem skupiasz się na szczegółach.

Jeśli zaczęłaś od środka, wolisz najpierw przyjrzeć się szczegółom, a dopiero potem wpasować je w ogólny obraz.

W chlewiku

Jeśli świnia ma głowę narysowaną po lewej, spędzasz dużo czasu na myśleniu o przeszłości. Masz doskonałą pamięć.

Jeśli świnia patrzy na wprost, żyjesz bieżącą chwilą i doceniasz każdy teraźniejszy moment.

Jeśli świnia ma łebek po prawej, twoje myśli zaprzątają wizje przyszłości bliskiej i dalekiej.

Najpiękniejsze imiona

Wybierz dziesięć swoich ulubionych imion dla dziewczyn i chłopców. Ułóż je w kolejności, zaczynając od tych najpiękniejszych.

Data .... Pora .... Miejsce ....

Imiona dla dziewczyn	Imiona dla chłopców
1.	1. ....
2.	2. ....
3.	3. ....
4.	4. ....
5.	5. ....
6.	6. ....
7.	7. ....
8.	8. ....
9.	9. ....
10.	10. ....

Czy znasz się na pieniądzach?

Odpowiedz na pytania i sprawdź,
czy to ty kontrolujesz pieniądze,
czy to one mają władzę nad tobą!

Zbliżają się urodziny twojej najlepszej przyjaciółki, a ty jeszcze nie masz dla niej prezentu. Co robisz?

a) Kupujesz jej drogie buty, o których od dawna marzyła
b) Robisz jej prezent własnoręcznie – takie upominki są dużo bardziej osobiste
c) Zrzucacie się na jej wymarzone buty całą paczką

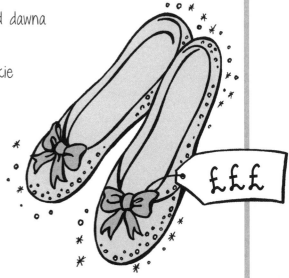

£££

Na wystawie sklepowej widzisz idealną sukienkę na szkolną dyskotekę.
Co robisz?

a) Wchodzę do sklepu i kupuję ją bez mierzenia
b) Po pierwsze, patrzę na cenę na metce
c) Przymierzam ją i upewniam się, że będę mogła ją założyć na co najmniej trzy inne okazje, zanim zdecyduję się ją kupić

Czas zaplanować rodzinne wakacje. Od czego zaczynasz?

a) Przeglądam kolorowe katalogi biur podróży
b) Wyciągam z szafy namiot i szykuję się na kamping
c) Przeglądam oferty w internecie w poszukiwaniu dobrych okazji

Pojawił się nowy numer twojego ulubionego czasopisma. Co robisz?

a) Od razu go kupuję. Są w nim plotki o mojej ulubionej gwieździe, nie mogę tego przegapić
b) Zostawiam go na półce. Oszczędzam na coś innego, a o plotkach mogę dowiedzieć się od przyjaciółek
c) Dzielę się kosztami po połowie z najlepszą przyjaciółką. Przeczytamy magazyn razem i jako bonus będziemy mogły wspólnie o tym pogadać

Gratulacje! Wygrałaś 200 złotych. Co robisz?

a) Od razu biegnę na zakupy

b) Umieszczam je w banku. Przydadzą mi się później

c) Oszczędzam część, ale kupuję sobie jakiś drobiazg

Nie możesz się zdecydować między dwiema torebkami. Jak wybrniesz z sytuacji?

a) Kupuję obie. W końcu mogę używać ich zamiennie

b) Kupuję tę tańszą

c) Kupuję tę, która lepiej pasuje do większości moich ubrań

Twoi znajomi wybierają się do kina. Bardzo chcesz iść, ale cię nie stać.
Co robisz?

a) Pożyczam pieniądze od rodziców. Odpracuję, biorąc na siebie więcej
   zadań domowych

b) Mówię znajomym, że nie mogę iść, i zostaję w domu

c) Zapraszam wszystkich na maraton filmowy do siebie

Data .... Pora .... Miejsce ....

Czy znasz się na pieniądzach? – odpowiedzi

Najwięcej odpowiedzi a: zakupoholiczka

Uwielbiasz zakupy jak mało kto! Powinnaś jednak nauczyć się oszczędzać, przyda ci się to w przyszłości. Spróbuj odkładać część kieszonkowego co miesiąc, poczekaj, aż świnka-skarbonka całkowicie się zapełni, i sprezentuj sobie coś wyjątkowego.

Najwięcej odpowiedzi b: turbooszczędna

Jesteś rozsądna i zapobiegawcza i bardzo rzadko wydajesz pieniądze, no chyba że naprawdę musisz. Nie należy szastać pieniędzmi, ale od czasu do czasu możesz sobie pozwolić na coś przyjemnego.

Najwięcej odpowiedzi c: finansistka

Zawsze pilnujesz stanu swojego portfela i nie przesadzasz z wydatkami. Dzięki rozsądnemu oszczędzaniu stać cię na rzeczy, na które masz ochotę. Świetna robota, tak trzymać!

Muzyczna playlista

Muzyka ma niezwykły wpływ na twoje samopoczucie, potrafi pocieszyć cię, gdy jest ci smutno, i naładować energią przed imprezą. Na tych stronach zapisz swoje ulubione piosenki w różnych kategoriach.

Data .... Pora .... Miejsce ....

Odprężające

1. ....

2. ....

3. ....

4. ....

5. ....

Do tańca

1. ....
2. ....
3. ....
4. ....
5. ....

Na małe smutki

1. ....
2. ....
3. ....
4. ....
5. ....

Na muchy w nosie

1. ....
2. ....
3. ....
4. ....
5. ....

Fantastyczny zespół w trasie

Nieważne, czy potrafisz grać na jakimś instrumencie.
W świecie fantazji każdy może mieć swój zespół!

Po pierwsze, musisz skompletować skład i zdecydować, kto odegra jaką rolę. Zapisz imiona swoich przyjaciół, którzy najlepiej nadadzą się do każdej z nich.

Wokal ....

Gitara ....

Bas ....

Perkusja ....

Klawisze ....

Chórki 1 ....

Chórki 2 ....

Manager zespołu ....

Gwiazdy estrady

Teraz czas wybrać nazwę waszego zespołu. Zakreśl kółkiem po jednym słowie z każdej kolumny. Zastanów się, czy nie można zapisać waszej nazwy w jakiś niezwykły sposób – na przykład jako jedno słowo, powiedzmy „Superfunkowemuchy" – żeby stała się jeszcze bardziej wyjątkowa.

Imprezowe	Funkowe	Kociaki
Urocze	Piegowate	Kwiatki
Śliczne	Zielone	Nutki
Super	Różowe	Korzenie
Turbo	Rockowe	Rzeczy
Szalone	Błękitne	Muchy

Przebój roku

A teraz wybierz tytuł dla waszego singla, który poszybuje na szczyty wszystkich list przebojów. Jeśli nie masz pomysłu, zainspiruj się nazwą waszego zespołu. Na przykład, jeśli nazywacie się Szalone Różowe Korzenie, możesz zatytułować waszą piosenkę „Rosnę na różowo".

Pierwszy singiel ....

Tyle tygodni znajdował się na szczycie list przebojów:

....

Zaprojektuj okładkę waszego
debiutanckiego albumu.

Data .... Pora .... Miejsce ....

W poszukiwaniu miłości

Zastanawiałaś się kiedyś, jak rozpoznasz prawdziwą miłość,
gdy pojawi się w twoim życiu? Oznacz, jak ważne są dla ciebie poniższe
cechy charakteru w skali od 1 do 5, gdzie 1 to „w ogóle nieistotne",
a 5 – „absolutnie kluczowe", żebyś wiedziała, czego szukać
w swoim chłopaku.

	1	2	3	4	5
Zabawny	♡	♡	♡	♡	♡
Pewny siebie	♡	♡	♡	♡	♡
Inteligentny	♡	♡	♡	♡	♡
Dojrzały	♡	♡	♡	♡	♡
Wyluzowany	♡	♡	♡	♡	♡
Ambitny	♡	♡	♡	♡	♡
Energiczny	♡	♡	♡	♡	♡
Wrażliwy	♡	♡	♡	♡	♡
Przebojowy	♡	♡	♡	♡	♡
Niezależny	♡	♡	♡	♡	♡

Data .... Pora .... Miejsce ....

Kwiat przeznaczenia

Zastanawiałaś się, kim będzie twój przyszły chłopak? Dowiedz się tego dzięki kwiatowi przeznaczenia!

Data .... Pora .... Miejsce ....

1. Na początek zapisz imiona różnych chłopców na każdym płatku kwiatu na kolejnej stronie. Każdy z nich może stać się twoją prawdziwą miłością, więc dobrze się zastanów!

2. Określ liczbę liter w swoim imieniu i dodaj ją do liczby liter w twoim nazwisku.

3. Podziel wynik przez dwa. Jeśli wynik nie jest liczbą całkowitą, zaokrąglij go w górę. (Na przykład, jeśli twój wynik to 5.5, zaokrąglij go do 6).

4. Zaczynając od górnego, policz płatki po kolei, aż dojdziesz do swojej liczby. Pokoloruj płatek, na którym wypadła.

5. Licz od początku, od kolejnego niezakolorowanego płatka, aż ponownie dotrzesz do swojej liczby. Pomijaj zakolorowany płatek.

6. Gdy zostanie ci już tylko jeden płatek, kwiat przepowiedział ci przyszłość! To z tą osobą połączy cię wielka miłość.

Najlepsze filmy w historii

Wybierz dziesięć filmów, które lubisz najbardziej, i zapisz je na klapsach, zaczynając od naj-najlepszego.

Data .... Pora .... Miejsce ....

5.

6.

7.

8.

9.

10.

Gdybym była...

Jaki masz charakter? Czy jesteś energiczna i psotna? A może cicha i nieśmiała?

Data .... Pora .... Miejsce ....

Zastanów się, jaką jesteś osobą i co lubisz, i pomyśl, co w każdej z tych kategorii najlepiej odzwierciedla twoje cechy. Na przykład, jeśli rozpiera cię energia i chęć do zabawy, w kategorii „zwierzę" możesz napisać, że byłabyś szczeniakiem labradora.

Gdybym była zwierzęciem, byłabym ....
Gdybym była napojem, byłabym ....
Gdybym była kolorem, byłabym ....
Gdybym była państwem, byłabym ....
Gdybym była sklepem, byłabym ....
Gdybym była piosenkarką, byłabym ....
Gdybym była instrumentem muzycznym, byłabym ....
Gdybym była smakiem lodów, byłabym ....
Gdybym była przedmiotem w szkole, byłabym ....
Gdybym była postacią z bajki, byłabym ....
Gdybym była dyscypliną sportową, byłabym ....

Dziesięć cech, które w sobie lubię

Pomyśl o dziesięciu cechach, które w sobie cenisz, i wypełnij listę, zaczynając od swojej ulubionej.

Data .... Pora .... Miejsce ....

1. ....

2. ....

3. ....

4. ....

5. ....

6. ....

7. ....

8. ....

9. ....

10. ....